du 27 Mars 1907

concernant les

CONSEILS DE PRUD'HOMMES

complétée et modifiée

par les lois du 18 novembre 1908 DÉPÔT LÉGAL

979

TEXTE COMPLET

suivi

les articles du code civil, du code de procédure civile
du code pénal, de décret et loi, applicables
à la juridiction des conseils de prud'hommes
et à leurs membres
pour tout ce qui en concerne la jurisprudence

Prix (franco)
- Couverture papier, 0,30 l'exempl.
- Cartonné tout toile, 0,60

En vente

IMPRIMERIE LAFORGE
36, Rue de la Préfecture
SAINT-ÉTIENNE (Loire)
ET CHEZ LES LIBRAIRES

Déposé conformément à la
loi
à St Etienne le 1er Août
1911

Raffin

LOI du 27 Mars 1907

concernant les

CONSEILS DE PRUD'HOMMES

complétée et modifiée

par les lois du 18 novembre 1908

~~~~~~~~

TEXTE COMPLET

suivi

des articles du code civil, du code de procédure civile
du code pénal, de décret et loi, applicables
à la juridiction des conseils de prud'hommes
et à leurs membres
pour tout ce qui en concerne la jurisprudence

~~~~

Prix (franco) : { Couverture papier, 0,30 l'exempl.
Cartonné, tout toile, 0,50   —

~~~~

En vente :

IMPRIMERIE LAFORGE

36, Rue de la Préfecture

SAINT-ÉTIENNE (Loire)

ET CHEZ LES LIBRAIRES

LOI DU 27 MARS 1907

concernant les Conseils de Prud'hommes

complétée et modifiée par les Lois du 17 novembre 1908

Le Sénat et la Chambre des députés ont adopté.

Le Président de la République, promulgue la loi dont la teneur suit :

TITRE Ier

ATTRIBUTIONS. — INSTITUTION ET ORGANISATION DES CONSEILS DE PRUD'HOMMES

Art. 1er. — Les conseils de prud'hommes sont insti tués pour terminer par voie de conciliation les différend qui peuvent s'élever à l'occasion du contrat de louag d'ouvrage dans le commerce et l'industrie entre le patrons ou leurs représentants et les employés, ouvrie et apprentis de l'un et de l'autre sexe qu'ils emploient

Ils jugent dans les conditions de compétence déter minées par les articles 32, 33, 34 et 35 de la présent loi les différends à l'égard desquels la conciliation a ét sans effet.

Leur mission comme conciliateurs et comme juges s'applique également aux différends nés entre ouvrie à l'occasion du travail.

Néanmoins, ils ne peuvent connaître des actions e dommages-intérêts motivés par des accidents dont le ouvriers, ou employés, ou apprentis auraient été victimes

Ils doivent donner leur avis sur les questions qui leu seront posées par l'autorité administrative.

Ils exercent, en outre, les attributions qui leur son confiées par des lois spéciales.

Art. 2. — Les conseils de prud'hommes sont établi par décrets rendus en la forme des règlements d'admi nistration publique, sur la proposition du ministre de l justice et du ministre du travail et de la prévoyanc sociale, après avis des chambres de commerce et de chambres consultatives des arts et manufactures et des conseils municipaux des communes intéressées, dans les villes où l'importance de l'industrie ou du commerce en démontre la nécessité.

La création d'un conseil de prud'hommes est de droit lorsqu'elle est demandée par le Conseil municipal de la commune où il doit être établi, avec avis favorable des chambres de commerce et des chambres consultatives des arts et manufactures, du conseil général du département, du ou des conseils d'arrondissement du ressort indiqué et de la majorité des conseils municipaux des communes devant composer la circonscription projetée.

Art. 3. — Le décret d'institution détermine le ressort du conseil, le nombre des catégories dans lesquelles sont répartis les commerces et les industries soumis à sa juridiction et le nombre des prud'hommes affectés à chaque catégorie, sans que le nombre total des membres du conseil puisse être impair ou inférieur à douze. Les ouvriers et les employés sont classés dans des catégories distinctes.

Le décret détermine, s'il y a lieu, les sections des conseils et leur composition.

Des modifications pourront être apportées dans la même forme au décret d'institution.

Art. 4. — Les membres des conseils de prud'hommes sont élus pour six ans. Ils sont renouvelés par moitié tous les trois ans. Néanmoins, ils conservent leurs fonctions jusqu'à l'installation de leurs successeurs.

Art. 5. — A condition : 1o d'être inscrit sur les listes électorales politiques ; 2o d'être âgés de vingt-cinq ans révolus ; 3e d'exercer depuis trois ans, apprentissage compris, une profession dénommée dans le décret d'institution du conseil et de résider dans le ressort de ce conseil depuis un an.

Sont électeurs ouvriers : les ouvriers, les chefs d'équipe ou contremaîtres prenant part à l'exécution matérielle des travaux industriels et les chefs d'atelier de famille travaillant eux-mêmes.

Electeurs employés : les employés de commerce et d'industrie et les contremaîtres ne remplissant que des fonctions de surveillance ou de direction.

Electeurs patrons : les patrons occupant pour leur compte un ou plusieurs ouvriers ou employés, les associés en nom collectif, ceux qui gèrent ou dirigent pour le compte d'autrui une fabrique, une manufacture, un atelier, un magasin, une mine et généralement une entreprise industrielle ou commerciale quelconque ; les présidents et membres des conseils d'administration, les ingénieurs et chefs de service tant dans les exploitations minières que dans les diverses industries.

Sont inscrites également sur les listes électorales, suivant la distinction ci-dessus, les femmes possédant la qualité de Française, réunissant les conditions d'âge, d'exercice de la profession et de résidence et n'ayant encouru aucune des condamnations prévues aux articles 15 et 16 du décret organique du 2 février 1852.

ART. 6. — *(Loi du 17 novembre 1908)*. Sont éligibles, à condition de résider depuis trois ans dans le ressort du conseil :

1° Les électeurs âgés de trente ans, sachant lire et écrire, inscrits sur les listes électorales spéciales ou justifiant des conditions requises pour y être inscrits :

2° Les anciens électeurs n'ayant pas quitté la profession depuis plus de cinq ans, et l'ayant exercée cinq ans dans le ressort.

ART. 7. — Les conseils de prud'hommes sont composés d'un nombre égal, pour chaque catégorie, d'ouvriers ou employés et de patrons. Il doit y avoir au moins deux prud'hommes patrons et deux prud'hommes ouvriers ou employés dans chaque catégorie.

ART. 8. — Les prud'hommes ouvriers ou employés sont élus par les électeurs ouvriers ou employés, les prud'hommes patrons par les électeurs patrons, réunis dans des assemblées distinctes présidées chacune par le juge de paix ou l'un de ses suppléants.

Dans le cas où, pour la commodité du vote, il est établi plusieurs bureaux de scrutin, le préfet peut désigner dans son arrêté un maire ou un adjoint pour présider un ou plusieurs bureaux.

ART. 9. — Les élections ont lieu au scrutin de liste et par catégorie.

Au premier tour de scrutin, aucune élection ne sera valable si les candidats n'ont pas obtenu la majorité absolue des suffrages exprimés et si cette majorité n'est pas égale au quart des électeurs inscrits ; la majorité relative suffira au deuxième tour.

En cas d'égalité de suffrages au deuxième tour, le candidat le plus âgé sera proclamé élu.

ART. 10. — Chaque année, dans les vingt jours qui suivent la révision des listes électorales politiques, le maire de chaque commune du ressort, assisté d'un électeur ouvrier, d'un électeur employé et d'un électeur patron désignés par le conseil municipal, inscrit sur des tableaux différents le nom, la profession et le domicile des électeurs ouvriers, employés et patrons.

Pendant la même période se fera l'inscription des femmes électeurs, et seront reçues les déclarations des employés concernant le genre de commerce ou industrie auquel ils sont attachés.

Ces tableaux sont adressés au préfet, qui dresse et arrête la liste de chaque catégorie d'électeurs.

Les listes sont déposées tant au secrétariat du conseil de prud'hommes qu'au secrétariat de chacune des mairies du ressort. Les électeurs sont avisés du dépôt par affiches apposées à la porte des mairies. Dans la quinzaine qui suit la publication des réclamations peuvent être formées contre la confection des listes ; elles sont portées devant le juge de paix du canton, instruites et jugées conformément aux articles 5 et 6 de la loi du 8 décembre 1883 sur les élections consulaires.

Les rectifications sont opérées conformément à l'article 7 de la même loi.

ART. 11. — Le renouvellement triennal doit porter sur la moitié des membres ouvriers ou employés et sur la moitié des membres patrons, compris dans chaque catégorie du conseil. Dans chacune de ces catégories, le sort désigne les prud'hommes qui sont remplacés la première fois.

Les prud'hommes sortants sont rééligibles.

ART. 12. — Lorsqu'il y a lieu de procéder à des élections, le Préfet convoque les électeurs au moins vingt jours d'avance, en indiquant le jour et l'endroit de leur réunion. Il fixe les heures d'ouverture et de clôture de chaque tour de scrutin.

Il peut y avoir plusieurs sections de vote.

Les élections se feront toujours un dimanche. Le deuxième tour de scrutin aura lieu le dimanche suivant.

ART. 13. — Les règles établies par les articles 13, 18 à 25, 26, paragraphes 1er et 3, 27 à 29 de la loi du 5 avril 1884, sur les élections municipales s'appliquent aux opérations électorales pour les conseils de prud'hommes.

Dans les trois jours qui suivent la réception du procès-verbal des élections, le Préfet transmet des copies certifiées de ce procès-verbal au procureur général et au secrétaire du conseil de prud'hommes.

Les protestations contre les élections sont formées, instruites et jugées conformément à l'article 11, paragraphes 5, 6 et 7, et à l'article 12 de la loi du 8 décembre 1883.

Avis de l'arrêt est donné au Préfet.

ART. 14. — Dans la quinzaine de la réception du procès-verbal, s'il n'y a pas de réclamation, ou dans les quinze jours qui suivent la décision définitive, le procureur de la République invite les élus à se présenter à l'audience du tribunal civil, qui procède publiquement à leur réception et en dresse procès-verbal consigné dans ses registres.

Au cours de cette réception, les élus prêtent individuellement le serment suivant :

« Je jure de remplir mes devoirs avec zèle et intégrité et de garder le secret des délibérations. »

Le jour de l'installation publique du conseil de prud'hommes, il est donné lecture du procès-verbal de réception.

Art. 15. — Dans le cas où une ou plusieurs vacances se produisent dans le conseil par suite de décès, de démission, d'annulation des premières élections ou de toute autre cause, il est procédé à des élections complémentaires dans le délai d'un mois à dater du fait qui y donne lieu, à moins qu'il n'y ait pas plus de trois mois entre le fait et l'époque du prochain renouvellement triennal.

Tout membre élu dans ces conditions ne demeure en fonctions que pendant la durée du mandat qui avait été confié à son prédécesseur.

Tout conseiller prud'homme ouvrier ou employé qui devient patron, et réciproquement, doit déclarer au procureur de la République et au président du conseil qu'il a perdu la qualité en laquelle il a été élu. Cette déclaration a pour effet nécessaire la démission.

A défaut de déclaration, l'assemblée générale est saisie de la question par son président ou par le procureur de la République. Le membre du conseil auquel elle s'applique est appelé à cette réunion pour y fournir ses explications.

Le procès-verbal est transmis dans la huitaine par le président au procureur de la République, et par celui-ci dans un semblable délai au président du tribunal civil.

Sur le vu du procès-verbal, la démission est déclarée s'il y a lieu, par le tribunal civil en chambre du conseil sauf appel devant la cour du ressort. Avis de la décision est donné au préfet, par le procureur de la République et, en cas d'appel par le procureur général.

Art. 16. — S'il y a lieu de procéder à des élections complémentaires, soit parce que les premières élections n'ont pas donné de résultats satisfaisants pour la constitution ou le complément du conseil, soit parce qu'un ou plusieurs prud'hommes élus ont refusé de se faire installer, ont donné leur démission ou ont été déclarés démissionnaires par application de l'article 44, et si l'un de ces divers faits vient à se reproduire, il n'est pourvu aux vacances qui peuvent en résulter que lors du prochain renouvellement triennal et le conseil ou la section fonctionne, quelle que soit la qualité des membres régulièrement élus ou en exercice, pourvu que leur nombre soit au moins égal à la moitié du nombre total des membres dont il doit être composé.

La même disposition est applicable au cas où une ou plusieurs élections ont été annulées pour cause d'inéligibilité des élus.

ART. 17. — Les prud'hommes, réunis en Assemblée générale de section, sous la présidence du doyen d'âge, élisent parmi eux, au scrutin secret, à la majorité absolue des membres présents, un président et un vice-président.

Après deux tours de scrutin, sans qu'aucun des candidats ait obtenu la majorité absolue des membres présents, si, au 3me tour de scrutin, il y a partage des voix, le conseiller le plus ancien en fonctions sera élu. Si les deux candidats avaient un temps de service égal, la préférence serait accordée au plus âgé : il en sera de même dans le cas de création d'un nouveau conseil.

ART. 18. — Lorsque le président est choisi parmi les prud'hommes ouvriers ou employés, le vice-président ne peut l'être que parmi les prud'hommes patrons et réciproquement.

Le président sera alternativement un ouvrier ou employé, ou un patron.

Le sort décidera si c'est un patron ou si c'est un ouvrier ou employé qui présidera le premier.

Exceptionnellement, dans le cas prévu par l'article 16, le président et le vice-président peuvent être pris tous deux soit parmi les prud'hommes ouvriers ou employés, soit parmi les prud'hommes patrons si le conseil ne se trouve composé que de l'un ou de l'autre élément.

Les réclamations contre l'élection des membres du bureau sont soumises à la cour d'appel, dans les conditions déterminées par l'avant dernier alinéa de l'article 13 ; elles doivent être faites dans la quinzaine.

ART. 19. — Le président et le vice-président sont élus

pour une année ; ils sont rééligibles sous la condition d'alternance de l'article précédent.

Ils restent en fonctions jusqu'à l'installation de leurs successeurs.

Art. 20. — Chaque section des conseils de prud'hommes comprend :

1° Un bureau de conciliation ;

2° Un bureau de jugement.

Art. 21. — Le bureau de conciliation est composé d'un prud'homme ouvrier ou employé et d'un prud'homme patron : la présidence appartient alternativement à l'ouvrier ou à l'employé et au patron, suivant un roulement établi par le règlement particulier de chaque section.

Celui des deux qui préside le bureau le premier est désigné par le sort.

Exceptionnellement et dans les cas prévus par l'article 15, les deux membres composant le bureau peuvent être pris parmi les prud'hommes ouvriers ou employés ou parmi les prud'hommes patrons, si la section ne se trouve composée que d'un seul élément.

Art. 22 — Les séances du bureau de conciliation ont lieu au moins une fois par semaine. Elles ne sont pas publiques.

Art. 23. — Le bureau de jugement se compose d'un nombre toujours égal de prud'hommes patrons et de prud'hommes ouvriers ou employés, y compris le président ou le vice-président siégeant alternativement. Ce nombre est au moins de deux patrons et de deux ouvriers ou employés. A défaut du président ou du vice-président, la présidence appartiendra au conseiller le plus ancien en fonctions : s'il y a égalité dans la durée des fonctions, au plus âgé.

Exceptionnellement, dans les cas prévus à l'article 16, le bureau de jugement peut valablement délibérer, un nombre de membres pair et au moins égal à quatre étant présents, alors même qu'il ne serait pas formé d'un nombre égal d'ouvriers ou d'employés et de patrons,

Les délibérations du bureau de jugement sont prises à la majorité absolue des membres présents.

En cas de partage, l'affaire est renvoyée, dans le plus bref délai, devant le même bureau de jugement, présidé par le juge de paix de la circonscription ou l'un de ses suppléants.

Si la circonscription du conseil comprend plusieurs cantons ou arrondissements de justice de paix, le juge de paix appelé à faire partie du bureau de jugement et à en exercer la présidence sera le plus ancien en fonctions ou le plus âgé, ainsi qu'il est dit ci-dessus pour la présidence.

Toutefois, le président du tribunal civil dans le ressort duquel le conseil de prud'hommes a son siège, devra, dans le cas où il en sera ainsi ordonné par le ministre de la justice, établir entre les juges de paix de la circonscription du conseil un roulement aux termes duquel ils feront le service à leur tour pendant un temps déterminé.

En seront dispensés, s'ils le demandent, les juges de paix des cantons hors desquels le siège du conseil est fixé.

Les séances du bureau de jugement sont publiques. Si les débats sont de nature à produire du scandale, le conseil peut ordonner le huit clos.

Le prononcé du jugement devra toujours avoir lieu en audience publique.

ART. 24. — Il est attaché à chaque conseil un ou plusieurs secrétaires et, s'il y a lieu, un ou plusieurs secrétaires-adjoints nommés par décret rendu sur la proposition du ministre de la justice et sur une liste de trois candidats, arrêtée en assemblée générale à la majorité absolue. Ils prêtent serment devant le tribunal civil. Leurs traitements sont fixés, pour les conseils existants, par un règlement d'administration publique et par décret pour les conseils qui seront créés à l'avenir.

Le secrétaire assiste et tient la plume aux audiences des bureaux de conciliation et de jugement.

Les secrétaires et secrétaires-adjoints ne pourront

être révoqués de leurs fonctions, que par décret rendu sur la proposition du ministre de la justice, soit d'office, soit sur une délibération signée par les deux tiers des prud'hommes réunis en assemblée générale.

ART. 25. — Il ne peut exister dans chaque ville qu'un conseil de prud'hommes.

Le conseil peut être divisé en sections. Les catégories d'ouvriers et les catégories d'employés sont classées dans des sections distinctes. Chaque section est autonome.

Les présidents et vice-présidents des sections se réunissent chaque année pour élire parmi les premiers, dans les formes prévues à l'article 17, le président du conseil de prud'hommes qui est chargé des rapports avec l'administration, et, entre les sections, de l'administration intérieure et de la discipline générale.

TITRE II

DE LA PROCÉDURE DEVANT LES CONSEILS DE PRUD'HOMMES

ART. 26. — Les parties sont tenues de se rendre en personne au jour et à l'heure fixés devant le bureau de conciliation ou le bureau de jugement.

Elles peuvent se faire assister et, en cas d'absence ou de maladie, se faire représenter par un ouvrier ou employé ou par un patron exerçant la même profession.

Les chefs d'entreprises industrielles ou commerciales peuvent toujours se faire représenter par le directeur-gérant ou par un employé de leur établissement.

Le mandataire doit être porteur d'un pouvoir sur papier libre ; ce pouvoir pourra être donné au bas de l'original ou de la copie de l'assignation.

Les parties peuvent déposer des conclusions écrites ; elles ne peuvent faire signifier aucune défense.

Les parties pourront se faire représenter ou assister par un avocat régulièrement inscrit au barreau ou par un avoué exerçant près du tribunal civil de l'arrondissement.

L'avocat et l'avoué seront dispensés de présenter une procuration.

ART. 27. — Le défendeur est appelé devant le bureau de conciliation par une simple lettre du secrétaire qui jouira de la franchise postale.

La lettre doit contenir les jours, mois et an, les nom, profession et domicile du demandeur, l'indication de l'objet de la demande. le jour et l'heure de la comparution. Elle est remise à la poste par les soins du secrétaire ou portée par le demandeur au choix de ce dernier.

ART. 28. — Les parties peuvent toujours se présenter volontairement devant le bureau de conciliation, et, dans ce cas. il est procédé à leur égard comme si l'affaire avait été introduite par une demande directe.

ART. 29. — Si, au jour fixé par la lettre du secrétaire, le demandeur, ne comparaît pas, la cause est rayée du rôle et ne peut être reprise qu'après un délai de huit jours.

Si le défendeur ne comparaît pas, ni personne n'ayant qualité pour lui, ou si la conciliation n'a pu avoir lieu, l'affaire est renvoyée à la prochaine audience du bureau de jugement.

Le secrétaire convoque alors les parties, soit par lettre recommandée avec avis de réception, soit par ministère d'huissier.

Dans le cas de convocation par lettre recommandée, à défaut d'avis de réception, le défendeur est cité par huissier. La citation contient les énonciations prescrites pour la lettre par l'article 27.

Le délai pour la comparution sera, dans les deux cas, d'un jour franc. Si la convocation a lieu par lettre recommandée, le point de départ du délai sera la date de la remise figurant à l'avis de réception.

Les témoins seront appelés dans les mêmes formes et délais.

ART. 30. — Dans les cas où la conciliation n'a pu avoir lieu, la cause, au lieu d'être renvoyée à une prochaine audience, peut être immédiatement jugée par le bureau de jugement, si les deux parties y consentent.

ART. 31. — Au jour fixé, si l'une des parties ne comparaît pas, la cause est jugée par défaut.

ART. 32. — Les jugements des conseils de prud'-hommes sont définitifs et sans appel, sauf du chef de la compétence, lorsque le chiffre de la demande n'excède pas trois cents francs (300 fr.) en capital.

Les différends entre les employes et leurs patrons sont de la compétence des tribunaux ordinaires lorsque le chiffre de la demande excède mille francs (1.000 fr.). Cette limitation ne s'applique pas aux différends entre les ouvriers et leurs patrons.

ART. 33. — Les conseils de prud'hommes connaissent de toutes les demandes reconventionnelles ou en compensation qui, par leur nature, rentrent dans leur compétence.

Lorsque chacune des demandes principales, reconventionnelles ou en compensation, sera dans les limites de la compétence du conseil en dernier ressort, il prononcera sans qu'il y ait lieu à appel.

Si l'une de ces demandes n'est susceptible d'être jugée qu'à charge d'appel, le conseil ne prononcera sur toutes qu'en premier ressort. Néanmoins il statuera en dernier ressort si seule la demande reconventionnelle en dommages-intérêts, fondée exclusivement sur la demande principale, dépasse sa compétence en premier ressort.

Dans les différends entre les employés et leurs patrons, si la demande principale excède la compétence du conseil en dernier ressort, il statuera à charge d'appel sur la demande reconventionnelle en dommages-intérêts fondée exclusivement sur la demande principale, même si elle est supérieure à mille francs (1.000 fr.)

Toutes les demandes dérivant du contrat de louage entre les mêmes parties doivent faire l'objet d'une seule instance, à peine d'être déclarées non recevables, à moins que le demandeur ne justifie que les causes des demandes nouvelles ne sont nées à son profit ou n'ont été connues de lui que postérieurement à l'introduction de la demande primitive.

Les jugements susceptibles d'appel peuvent être déclarés exécutoire par provision avec dispense de caution jusqu'à concurrence du quart de la somme, sans que ce quart puisse dépasser cent francs (100 fr.). Pour le surplus, l'exécution provisoire peut être ordonnée à la charge par le demandeur de fournir caution.

Art. 34.— Si la demande est supérieure à trois cents francs (300 fr.), il peut être fait appel des jugements des conseils de prud'hommes devant le tribunal civil.

L'appel ne sera recevable ni avant les trois jours qui suivront celui de la prononciation du jugement, à moins qu'il y ait lieu à exécution provisoire, ni après les dix jours qui suivront la signification.

L'appel sera instruit et jugé comme en matière commerciale, sans assistance obligatoire d'un avoué. Si les parties intéressées ne comparaissent pas en personne, elles ne peuvent être représentées que dans les conditions indiquées à l'article 26. Elles peuvent notamment se faire représenter et défendre devant le tribunal civil soit par un avoué près ledit tribunal, soit par un avocat inscrit à un barreau. Dans ce cas une procuration ne sera pas exigée.

Le tribunal civil devra statuer dans les trois mois à partir de l'acte d'appel.

Art. 35.— Les jugements rendus en dernier ressort par les conseils de pru'hommes pourront être attaqués par la voie du recours en cassation pour excès de pouvoir ou violation de la loi.

Les pourvois seront formés au plus tard le cinquième jour à dater de la signification du jugement par déclaration au Secrétariat du conseil, et notifiés dans la huitaine à peine de déchéance.

Dans la quinzaine de la notification, les pièces seront adressées à la Cour de cassation : aucune amende ne sera consignée : le ministère d'avocat ne sera pas obligatoire.

Le pourvoi sera porté directement devant la chambre civile.

La cour de cassation statuera dans le mois qui suivra la réception des pièces.

Les jugements des tribunaux civils ayant statué sur appel, par application de l'article 34 de la présente loi, pourront être attaqués par la voie du recours en cassation pour incompétence, excès de pouvoir ou violation de la loi.

Les pourvois en cassation contre ces jugements sont soumis aux règles prescrites par les deuxième, troisième, quatrième et cinquième alinéas du présent article. Mais la déclaration du pourvoi sera faite au greffe du tribunal.

ART. 36. — Le conseil, en cas d'absence, d'empêchement ou de refus d'autorisation du mari, peut autoriser la femme mariée à se concilier, demander ou défendre devant lui.

ART. 37. — Les mineurs qui ne peuvent être assistés de leur père ou tuteur, peuvent être autorisés par le conseil à se concilier, demander ou défendre devant lui.

ART. 38. — Les membres des conseils de prud'hommes peuvent être récusés :

1° Quand ils ont un intérêt personnel à la contestation ;

2° Quand ils sont parents ou alliés d'une des parties jusqu'au degré de cousin germain inclusivement ;

3° Si, dans l'année qui a précédé la récusation, il y a eu action judiciaire, criminelle ou civile entre eux et l'une des parties ou son conjoint, ou ses parents et alliés en ligne directe ;

4° S'ils ont donné un avis écrit dans l'affaire ;

5° S'ils sont patrons, ouvriers ou employés de l'une des parties en cause. La partie qui veut récuser un prud'homme, est tenue de former la récusation avant tout débat et d'en exposer les motifs dans une déclaration revêtue de sa signature, qu'elle remet au secrétaire du conseil de prud'hommes, ou verbalement faite au même secrétaire, et dont il lui est délivré récépissé.

Le prud'homme récusé sera tenu de donner au bas de la déclaration, dans le délai de deux jours, sa réponse par écrit, portant ou son acquiescement à la récusation ou son opposition avec ses observations sur les moyens de récusation.

Dans les trois jours de la réponse du prud'homme qui refuse d'acquiescer à la récusation, ou faute par lui de répondre, une copie de la déclaration de récusation et des observations du prud'homme, s'il y en a sera envoyée par le président du conseil au président du tribunal civil dans le ressort duquel le conseil est situé.

La récusation y sera jugée en dernier ressort dans la huitaine sans qu'il soit besoin d'appeler les parties. Avis de la décision sera immédiatement donné au président du conseil par les soins du procureur de la République.

Art. 39. — Les fonctions de prud'homme sont entièrement gratuites vis-à-vis des parties ; ils ne peuvent réclamer aucuns frais des parties pour les formalités remplies par eux.

Art. 40. — Les actes de procédure, les jugements et actes nécessaires à leur exécution sont rédigés sur papier visé pour timbre et enregistrés en débet. Le visa pour timbre est donné sur l'original au moment de son enregistrement.

Par exception, les procès-verbaux, jugements et actes, seront enregistrés gratis toutes les fois qu'ils constateront que l'objet de la contestation ne dépasse pas la somme de vingt francs (20 fr.)

Ces dispositions sont applicables aux causes portées en appel ou devant la cour de cassation.

La partie qui succombe est condamnée aux dépens envers le Trésor.

Les paragraphes qui précèdent sont applicables à toutes les causes qui sont de la compétence des conseils de prud'hommes et dont les juges de paix sont saisis dans les lieux où ces conseils ne sont pas établis, et ce, conformément à l'article 27, de la loi du 22 janvier 1851.

L'assistance judiciaire peut être accordée devant les conseils de prud'hommes dans les mêmes formes et conditions que devant les justices de paix.

La partie assistée judiciairement pourra obtenir du bâtonnier de l'ordre la commission d'un avocat pour présenter ses moyens de défense devant le bureau de jugement du conseil de prud'hommes.

(Loi du 17 novembre 1908). — Les demandes qui sont de la compétence de conseil de prud'hommes et dont les juges de paix sont saisis dans les lieux où ces conseils ne sont pas établis, sont formées, instruites et jugées, tant devant la juridiction de première instance que devant les juges d'appel ou la Cour de cassation, conformément aux règles établies par les dispositions du présent titre.

ART. 41. — La compétence des conseils de prud'-hommes est fixée, pour le travail dans un établissement, par la situation de cet établissement, et pour le travail, en dehors de tout établissement, par le lieu où l'engagement a été contracté. Lorsque le conseil est divisé en sections, la section compétente est déterminée par le genre de travail, quelle que soit la nature de l'établissement.

ART. 42. — Dans les cas urgents, les conseils de prud'hommes peuvent ordonner telles mesures qui seront jugées nécessaires pour empêcher que les objets qui donnent lieu à une réclamation ne soient enlevés, ou déplacés, ou détériorés.

ART. 43. — Les articles 5. 7, 10, 11, 12, 13, 14. 15, 18, 20, 21. 22, 28 29. 31, 32, 33. 34, 35. 36, 37. 38. 39. 40, 41, 42. 43. 46. 47. 54, 55, 73, 130, 131, 156, 168, 169, 170, 171, 172, 442, 452, 453, 454, 455. 456, 457, 458. 459, 460, 474, 480 et 1033 du code de procédure civile. 63 du décret du 20 avril 1810. 17 de la loi du 30 août 1883 sont applicables à la juridiction des prud'hommes en tout ce qu'ils n'ont pas de contraire à la présente loi.

TITRE III

DE LA DISCIPLINE DES CONSEILS DE PRUD'HOMMES

ART. 44. — Tout membre d'un conseil de prud'homme qui, sans motifs légitimes et après mise en demeure, se refuserait à remplir le service auquel il est appelé, peut être déclaré démissionnaire.

ART. 45. — Le président constate le refus de service par un procès-verbal contenant l'avis motivé du conseil ou de la section, le prud'homme préalablement entendu ou dûment appelé.

Si le conseil ou la section n'émet pas son avis dans le délai d'un mois à dater de la convocation, le président fait mention de cette abstention dans le procès-verbal qu'il transmet au procureur de la République, lequel en saisit le tribunal civil.

ART. 46. — Sur le vu du procès-verbal, la démission est déclarée par le tribunal en chambre du conseil, soit que le conseil de prud'hommes ait délibéré ou non. En cas de réclamation, il est statué en chambre du conseil par la cour d'appel. La réclamation doit être faite dans la quinzaine du jugement. Devant le tribunal comme devant la cour, l'intéressé doit être appelé.

ART. 47. - - Tout membre d'un conseil de prud'hommes qui aura gravement manqué à ses devoirs dans l'exercice de ses fonctions sera appelé devant le conseil ou la section pour s'expliquer sur les faits qui lui sont reprochés.

L'initiative de cet appel appartient au président du conseil de prud'hommes et au procureur de la République.

Dans le délai d'un mois à dater de la convocation, le procès-verbal de la séance de comparution est adressé par le président du conseil de prud'hommes au procureur de la République.

Le procès-verbal est transmis par le procureur de la République, avec son avis, au ministre de la justice. Les peines suivantes peuvent être prononcées selon les cas :

La censure ;

La suspension pour un temps qui ne peut excéder six mois ;

La déchéance.

ART. 48. — La censure et la suspension peuvent être prononcées par arrêté du ministre de la justice. La déchéance est prononcée par décret.

ART. 49. — Tout prud'homme élu, qui refuse de se faire installer, donne sa démission ou est déclaré démissionnaire en vertu de l'article 44, ne peut être réélu avant le délai de trois ans à partir de son refus, de sa démission ou de la décision du tribunal qui le déclare démissionnaire.

ART. 50. — Tout prud'homme contre lequel la déchéance a été prononcée ne peut plus être réélu aux mêmes fonctions.

ART. 51. — L'acceptation du mandat impératif, à quelque époque et sous quelque forme qu'elle se produise, constitue de la part d'un conseiller prud'-homme un manquement grave à ses devoirs.

Si le fait est reconnu par les juges chargés de statuer sur la validité des opérations électorales, il entraîne de plein droit l'annulation de l'élection de celui qui s'en est rendu coupable.

Si la preuve n'est rapportée qu'ultérieurement, il est procédé conformément aux dispositions des articles 47 et 48.

L'acceptation du mandat impératif ainsi reconnue a pour conséquence nécessaire, dans le premier cas l'iné-gibilité, dans le second la déchéance.

ART. 52. — En cas de plainte en prévarication contre les membres des conseils de prud'hommes, il sera procédé contre eux suivant la forme établie à l'égard des juges par l'article 483 du code d'instruction crimi-nelle.

ART. 53. — Les articles 4 et 5 du code civil, 505 à 508 510 à 516 du code de procédure civile, 126, 127 et 185 du code pénal sont applicables aux conseils de prud'-hommes et à leurs membres individuellement.

La prise à partie sera portée devant la cour d'appel.

Art. 54.— Les conseils de prud'hommes ou leurs sections peuvent être dissous par un décret rendu sur la proposition du ministre de la justice.

Dans ce cas, les élections générales devront avoir lieu dans le délai de deux mois à partir de la date du décret de dissolution.

Jusqu'à l'installation du nouveau conseil ou de la nouvelle section, les litiges seront portés devant le juge de paix du domicile du défendeur.

Les conseils de prud'hommes peuvent être également supprimés par décret rendu en la forme des règlements d'administration publique, sur la proposition du ministre de la justice et du ministre du travail et de la prévoyance sociale.

TITRE IV

DISPOSITIONS GÉNÉRALES

Art. 55.— Chaque conseil de prud'hommes prépare en assemblée générale un règlement pour son régime intérieur.

Ce règlement n'est exécutoire qu'après l'approbation du ministre de la justice, et après celle du ministre du travail et de la prévoyance sociale en ce qui concerne les attributions administratives et consultatives du Conseil.

Art. 56.— Les conseils de prud'hommes se réunissent en assemblée générale toutes les fois que la demande en est faite par l'autorité supérieure, par la moitié plus un des membres en exercice, ou lorsque le président le juge utile. Le procès-verbal de chaque assemblée générale est transmis dans la quinzaine, par le président, au ministre de la justice et, s'il y a lieu, au ministre du travail et de la prévoyance sociale.

Art. 57.— Les membres des conseils de prud'hommes portent, soit à l'audience, soit dans les cérémonies publiques sur le côté gauche de la poitrine et attachée par un ruban, une médaille en argent, signe de leurs fonctions. Un arrêté ministériel indiquera le module et les mentions de la médaille. ainsi que la couleur du ruban.

ART. 58.— Il est payé aux secrétaires du conseil de prud'hommes, en dehors de leurs traitements, les sommes suivantes :

Pour la convocation, par simple lettre, devant le bureau de conciliation, quinze centimes (0 fr. 15) ;

Pour la convocation, par lettre recommandée, avec avis de réception, devant le bureau de jugement, soixante-quinze centimes (0 fr. 75) ;

Pour chaque extrait de jugement délivré au Trésor, vingt-cinq centimes (0 fr. 25) ;

Pour chaque rôle d'expédition qu'ils livreront et qui contiendra vingt lignes à page et douze syllabes en moyenne à la ligne, quarante centimes (0 fr. 40) ;

Pour l'expédition. si elle est requise. du procès-verbal de non-conciliation et qui ne contiendra que la mention sommaire que les parties n'ont pu s'accorder, quatre-vingt centimes (0 fr. 80) ;

Pour la rédaction du procès-verbal de chaque dépôt de dessins ou modèles et pour l'émolument de l'expédition, un franc (1 fr.) ;

Les frais de papier — de registre, d'expédition ou autres — seront à la charge du secrétaire, à l'exception du timbre des procès-verbaux et expéditions prévus à l'alinéa précédent.

Le secrétaire touche directement des parties les droits qui lui sont alloués, même ceux provenant des expéditions qu'il délivre.

Il est alloué à l'huissier .

Pour chaque citation, un franc vingt-cinq centimes (1 fr. 25) ;

Pour la signification d'un jugement, un franc soixante-quinze centimes (1 fr. 75).

S'il y a une distance de plus d'un demi-myriamètre entre la demeure de l'huissier et le lieu où devront être remises la citation et la signification, il sera payé par myriamètre et fraction de myriamètre en sus, aller et retour :

Pour la citation un franc soixante-quinze centimes (1 fr. 75) ;

Pour la signification deux francs (2 fr.) :

Pour la copie des pièces qui pourra être donnée avec les jugements rendus. il sera alloué, pour chaque rôle d'expédition de vingt lignes à la page et de douze syllabes à la ligne, vingt centimes (0 fr. 20).

Art. 59.— Il est alloué aux témoins entendus par les conseils de prud'hommes qui en font la demande, une somme de deux francs (2 fr.) comme indemnité pour perte de temps. Les témoins domiciliés hors du canton, à plus de 2 myriamètres et demi et moins de 5, reçoivent quatre francs (4 fr.) ; au dessus de 5 myriamètres, ils reçoivent quatre francs (4 fr.) par 5 myriamètres ou fraction de 5 myriamètres.

Art. 60. — Tout secrétaire d'un conseil de prud'hommes convaincu d'avoir exigé une taxe plus forte que celle qui lui est allouée est puni comme concussionnaire.

TITRE V

DÉPENSES DES CONSEILS DE PRUD'HOMMES

Art. 61. — Le local nécessaire aux conseils de prud'hommes est fourni par la ville où ils sont établis.

Art. 62. — Les dépenses obligatoires pour les communes comprises dans la circonscription d'un conseil de prud'hommes sont les suivantes :

1° Frais de premier établissement ;

2° Achat des insignes ;

3° Chauffage ;

4° Eclairage et menus frais ;

5° Frais d'élection ;

6° Rétribution du ou des secrétaires et du ou des secrétaires-adjoints attachés au conseil.

Art. 63. — Le président de chaque conseil de prud'hommes soumet, dans le courant du mois de décembre de chaque année, à l'approbation du préfet du département, l'état des dépenses désignées dans l'article ci-dessus.

TITRE VI

DES CONSEILS DE PRUD'HOMMES AUX COLONIES & EN ALGÉRIE

ART. 64.— La présente loi est applicable aux colonies de la Guadeloupe, de la Martinique et de la Réunion.

ART. 65.— Elle est applicable à l'Algérie avec les modifications ci-après :

ART. 66.— Sont éligibles les électeurs âgés de trente ans, domiciliés depuis deux ans et sachant lire et écrire le français.

ART. 67. — Dans les circonscriptions où l'importance de la population musulmane le comporte, les conseils de prud'hommes comprennent des assesseurs musulmans. Les décrets d'institution indiquent le nombre des prud'-hommes assesseurs musulmans.

Les patrons assesseurs musulmans et les ouvriers ou employés assesseurs musulmans sont toujours en nombre égal dans chaque catégorie.

ART. 68.— Dans les causes où se trouvent un ou plusieurs musulmans non admis à la jouissance des droits de citoyen français, le bureau de conciliation et le bureau de jugement comprennent, en outre des membres prévus aux articles 21 et 23, deux prud'hommes assesseurs musulmans, l'un patron, l'autre ouvrier ou employé, ayant voix délibérative.

ART. 69. — Les prud'hommes assesseurs musulmans sont élus par les musulmans non admis à la jouissance des droits de citoyen français, inscrits sur la liste électorale municipale et remplissant les conditions indiquées à l'article 5 de la présente loi.

La liste de ces électeurs est dressée séparément.

ART. 70. — Les prud'hommes assesseurs musulmans sont élus dans la même forme que les autres prud'-hommes.

Ils sont soumis aux mêmes conditions d'éligibilité.

Toutefois, pour l'assessorat, il suffit aux candidats de savoir parler français, s'ils savent lire et écrire leur langue maternelle.

Ils ne peuvent faire partie du bureau, mais ils prennent part à sa nomination au même titre que les autres membres.

ART. 71. — Il peut être attaché aux conseils de prud'hommes d'Algérie des interprètes qui sont nommés dans la même forme que le secrétaire ; avant d'entrer en fonctions, ils prêtent le serment professionnel devant le tribunal civil.

Leur traitement est fixé dans les formes prescrites par l'article 24.

ART. 72. — Les prud'hommes assesseurs musulmans sont renouvelés par moitié tous les trois ans, conformément à l'article 11.

TITRE VII

DISPOSITIONS SPÉCIALES

ART. 73. — Sont abrogés :

1° Les articles 1er à 9, 29 et suivants de la loi du 18 mars 1806 ;

2° Le décret du 11 juin 1809 ;

3° Le décret du 3 août 1810 ;

4° Les décrets des 27 mai et 6 juin 1848 :

5° La loi du 7 août 1850, sous réserve de son application aux contestations prévues par l'article 27, paragraphe 2, de la loi du 22 janvier 1851 ;

6° L'article 18, premier alinéa de la loi du 22 février 1851 ;

7° La loi du 1er juin 1853 ;

8° La loi du 4 juin 1864 :

9° La loi du 7 février 1880 :

10° La loi du 23 février 1881 :

11° La loi du 24 novembre 1883 ;

12° La loi du 10 décembre 1884 ;

13° La loi du 15 juillet 1905 ;

Et généralement toutes les dispositions contraires à la présente loi.

TITRE VIII

DISPOSITIONS TRANSITOIRES

ART. 74. — Les secrétaires et commis-secrétaires, en exercice au moment de la promulgation de la présente loi, seront maintenus dans leurs fonctions avec le titre de secrétaires et de secrétaires-adjoints.

La présente loi, délibérée et adoptée par le Sénat et par la Chambre des députés, sera exécutée comme loi de l'Etat.

Fait à Paris, le 27 mars 1907.

A. FALLIÈRES

Par le Président de la République :

Le garde des sceaux, ministre de la justice,

ED. GUYOT-DESSAIGNE.

Le ministre du travail et de la prévoyance sociale.

RENÉ VIVIANI.

ARTICLES

du code civil, du code de procédure civile, du code pénal, de décret et loi, applicables à la juridiction des conseils de prud'hommes et à leurs membres en vertu des articles 43 et 53 de la loi du 27 mars 1907.

CODE CIVIL :

ART. 4. — Le juge qui refusera de juger, sous prétexte du silence, de l'obscurité ou de l'insuffisance de la loi, pourra être poursuivi comme coupable de déni de justice.

ART. 5. — Il est défendu aux juges de prononcer par voie de dispositions générale et règlementaire sur les causes qui leur sont soumises.

CODE DE PROCÉDURE CIVILE :

ART. 5. — Il y aura un jour au moins entre celui de la citation et le jour indiqué pour la comparution, si la partie citée est domiciliée dans la distance de trois myriamètres. Si elle est domiciliée au delà de cette distance, il sera ajouté un jour par trois myriamètres. Dans le cas où les délais n'auront point été observés, si le défendeur ne comparaît pas, le juge ordonnera qu'il sera réassigné, et les frais de la première citation seront à la charge du demandeur.

ART. 7. — Les parties pourront toujours se présenter volontairement devant un juge de paix ; auquel cas, il jugera leur différend, soit en dernier ressort, si les lois ou les parties l'y autorisent, soit à la charge de l'appel, encore qu'il ne fût le juge naturel des parties, ni à raison du domicile du défendeur, ni à raison de la situation de l'objet litigieux. La déclaration des parties qui demanderont jugement sera signée par elles, ou mention sera faites si elles ne peuvent signer.

ART. 10. — Les parties seront tenues de s'expliquer avec modération devant le juge, et de garder en tout le respect qui est dû à la justice : si elles y manquent, le juge les y rappellera d'abord par un avertissement ; en cas de récidive, elles pourront être condamnées à une amende qui n'excédera pas la somme de dix francs, avec affiches du jugement, dont le nombre n'excèdera pas celui des communes du canton.

ART. 11. — Dans le cas d'insulte ou irrévérence grave envers le juge, il en dressera procès-verbal, et pourra condamner à un emprisonnement de trois jours au plus.

ART. 12. — Les jugements, dans les cas prévus par les précédents articles, seront exécutoires par provision.

ART. 13. — Les parties ou leurs fondés de pouvoir seront entendus contradictoirement. La cause sera jugée sur-le-champ, ou à la première audience ; le juge, s'il le croit nécessaire, se fera remettre les pièces.

ART. 14. — Lorsqu'une des parties déclarera vouloir s'inscrire en faux, déniera l'écriture, ou déclarera ne pas la reconnaître, le juge lui en donnera acte : il paraphera la pièce, et renverra la cause devant les juges qui doivent en connaître.

ART. 15. — Dans les cas où un interlocutoire aurait été ordonné, la cause sera jugée définitivement, au plus tard, dans le délai de quatre mois du jour du jugement interlocutoire : après ce délai, l'instance sera périmée de droit ; le jugement qui serait rendu sur le fond sera sujet à l'appel, même dans les matières dont le juge de paix connaît en dernier ressort, et sera annulé, sur la réquisition de la partie intéressée. Si l'instance est périmée par la faute du juge, il sera passible des dommages et intérêts.

ART. 18. — Les minutes de tout jugement seront portées par le greffier sur la feuille d'audience, et signées par le juge qui aura tenu l'audience et par le greffier.

ART. 20. — La partie condamnée par défaut pourra former opposition, dans les trois jours de la signification faite par l'huissier du juge de paix, ou autre qu'il aura commis. L'opposition contiendra sommairement les moyens de la partie, et assignation au prochain jour d'audience, en observant toutefois les délais prescrits pour les citations : elle indiquera les jour et heure de la comparution, et sera notifiée ainsi qu'il est dit ci-dessus.

Art. 21. -- Si le juge de paix sait par lui-même, ou par les représentations qui lui seraient faites à l'audience par les proches, voisins ou amis du défendeur, que celui-ci n'a pu être instruit de la procédure, il pourra, en adjugeant le défaut, fixer, pour le délai de l'opposition, le temps qui lui paraîtra convenable ; et, dans le cas où la prorogation n'aurait été ni accordée d'office ni demandée, le défaillant pourra être relevé de la rigueur du délai et admis à opposition, en justifiant qu'à raison d'absence ou de maladie grave, il n'a pu être instruit de la procédure.

Art. 22. — La partie opposante qui se laisserait juger une seconde fois par défaut ne sera plus reçue à former une nouvelle opposition.

Art. 28. — Les jugements qui ne seront pas définitifs ne seront point expédiés, quand ils auront été rendus contradictoirement et prononcés en présence des parties. Dans le cas où le jugement ordonnerait une opération à laquelle les parties devraient assister, il indiquera le lieu, le jour et l'heure, et la prononciation vaudra citation.

Art. 29. — Si le jugement ordonne une opération par des gens de l'art, le juge délivrera, à la partie requérante, cédule de citation pour appeler les experts ; elle fera mention du lieu, du jour, de l'heure, et contiendra le fait, les motifs et la disposition du jugement relative à l'opération ordonnée. — Si le jugement ordonne une enquête, la cédule de citation fera mention de la date du jugement, du lieu, du jour et de l'heure.

Art. 31. — Il n'y aura lieu à l'appel des jugements préparatoires qu'après le jugement définitif et conjointement avec l'appel de ce jugement ; mais l'exécution des jugements préparatoires ne portera aucun préjudice aux droits des parties sur l'appel, sans qu'elles soient obligés de faire à cet égard aucune protestation ni réserve. L'appel des jugements interlocutoires est permis avant que le jugement définitif ait été rendu. Dans ce cas, il sera donné expédition du jugement interlocutoire.

Art. 32. — Si au jour de la première comparution, le défendeur demande à mettre garant en cause, le juge accordera délai suffisant en raison de la distance du domicile du garant : la citation donnée au garant sera libellée, sans qu'il soit besoin de lui notifier le jugement qui ordonne sa mise en cause.

Art. 33. — Si la mise en cause n'a pas été demandée à la première comparution, ou si la citation n'a pas été faite dans le délai fixé, il sera procédé, sans délai, au jugement de l'action principale, sauf à statuer séparément sur la demande en garantie.

Art. 34. — Si les parties sont contraires en fait de nature à être constatés par témoins, et dont le juge de paix trouve la vérification utile et admissible, il ordonnera la preuve et en fixera précisément l'objet.

Art. 35. — Au jour indiqué, les témoins, après avoir dit leurs noms, profession, âge et demeure, feront le serment de dire vérité, et déclareront s'ils sont parents ou alliés des parties et à quel degré, et s'ils sont leurs serviteurs ou domestiques.

Art. 36. — Ils seront entendus séparément, en présence des parties, si elles comparaissent : elles seront tenues de fournir leurs reproches avant la déposition, et de les signer ; si elles ne le savent ou ne le peuvent il en sera fait mention : les reproches ne pourront être reçus après la déposition commencée, qu'autant qu'ils seront justifiés par écrit.

Art. 37. — Les parties n'interrompront point les témoins : après la déposition, le juge pourra, sur la réquisition des parties, et même d'office, faire aux témoins les interpellations convenables.

Art. 38. — Dans tous les cas où la vue du lieu peut
être utile pour l'intelligence des dépositions et spéciale-
ment dans les actions pour déplacement de bornes,
usurpations de terres, arbres, haies, fossés ou autres
clôtures, et pour entreprises sur les cours d'eau, le juge
de paix se transportera, s'il le croit nécessaire, sur le
lieu, et ordonnera que les témoins y seront entendus.

Art. 39. — Dans les causes sujettes à l'appel, le
greffier dressera procès-verbal de l'audition des témoins :
cet acte contiendra leurs noms, âge, profession et
demeure, leur serment de dire la vérité, leur déclaration
s'ils sont parents, alliés, serviteurs ou domestiques des
parties, et les reproches qui auraient été fournis contre
eux. Lecture de ce procès-verbal sera faite à chaque
témoin pour la partie qui le concerne ; il signera sa
déposition, ou mention sera faite qu'il ne sait ou ne
peut signer. Le procès-verbal sera, en outre, signé par
le juge et le greffier. Il sera procédé immédiatement au
jugement, ou au plus tard à la première audience.

Art. 40. — Dans les causes de nature à être jugées
en dernier ressort, il ne sera point dressé de procès-
verbal ; mais le jugement énoncera les noms, âge, profession et demeure des témoins, leur serment, leur
déclaration s'ils sont parents, alliés, serviteurs ou
domestiques des parties, les reproches et le résultat
des dépositions.

Art. 41. — Lorsqu'il s'agira, soit de constater l'état
des lieux, soit d'apprécier la valeur des indemnités et
dédommagements demandés, le juge de paix ordonnera
que le lieu contentieux sera visité par lui, en présence
des parties.

Art. 42. — Si l'objet de la visite ou de l'appréciation
exige des connaissances qui soient étrangères au juge,
il ordonnera que les gens de l'art, qu'il nommera par le
même jugement, feront la visite avec lui et donneront
leur avis : il pourra juger sur le lieu même, sans désem-
parer. Dans les causes sujettes à l'appel, procès-verbal
de la visite sera dressée par le greffier, qui constatera

le serment prêté par les experts. Le procès-verbal sera signé par le juge, par le greffier et par les experts ; et si les experts ne savent ou ne peuvent signer, il en sera fait mention.

ART. 43. — Dans les causes non sujettes à l'appel, il ne sera point dressé de procès-verbal ; mais le jugement énoncera les noms des experts, la prestation de leur serment, et le résultat de leur avis.

ART. 46. — Le juge sera tenu de donner au bas de cet acte, dans le délai de deux jours, sa déclaration par écrit, portant, ou son acquiescement à la récusation, ou son refus de s'abstenir, avec ses réponses aux moyens de récusation.

ART. 47. — Dans les trois jours de la réponse du juge qui refuse de s'abstenir, ou faute par lui de répondre, expédition de l'acte de récusation et de la déclaration du juge, s'il y en a, sera envoyée par le greffier, sur la réquisition de la partie la plus diligente, au procureur du Roi (procureur de la République) près le tribunal de première instance dans le ressort duquel la justice de paix est située : la récusation y sera jugée en dernier ressort dans la huitaine, sur les conclusions du procureur du Roi (procureur de la République), sans qu'il soit besoin d'appeler les parties.

ART. 54. — Lors de la comparution, le demandeur pourra expliquer, même augmenter sa demande, et le défendeur former celles qu'il jugera convenables : le procès-verbal qui en sera dressé contiendra les conditions de l'arrangement, s'il y en a ; dans le cas contraire, il fera sommairement mention que les parties n'ont pu s'accorder. Les conventions des parties, insérées au procès-verbal, ont force d'obligation privée.

ART. 55. — Si l'une des parties défère le serment à l'autre, le juge de paix le recevra, ou fera mention du refus de le prêter.

ART. 73. — Si celui qui est assigné demeure hors de la France continentale le délai sera : 1° Pour ceux qui demeurent en Corse, en Algérie, dans les îles Britanniques, en Italie, dans le royaume des Pays-Bas, dans les États ou Confédérations limitrophes de la France, d'un mois ; 2° Pour ceux qui demeurent dans les autres États, soit de l'Europe, soit du littoral de la Méditerranée et de celui de la mer Noire, de deux mois ; 3° Pour ceux qui demeurent hors d'Europe, en deçà des détroits de Malacca et de la Sonde, et en deçà du cap Horn, de cinq mois ; 4° Pour ceux qui demeurent au delà des détroits de Malacca et de la Sonde et au-delà du cap Horn, de huit mois. Les délais ci-dessus seront doublés pour les pays d'outre-mer, en cas de guerre maritime.

ART. 130. — Toute partie qui succombera sera condamnée aux dépens.

ART. 131. — Pourront néanmoins les dépens être compensés en tout ou en partie, entre conjoints, ascendants, descendants, frères et sœurs, ou alliés au même degré ; les juges pourront aussi compenser les dépens en tout ou en partie, si les parties succombent respectivement sur quelques chefs.

ART. 156. — Tous jugements par défaut contre une partie qui n'a pas constitué d'avoué seront signifiés par un huissier commis, soit par le tribunal, soit par le juge du domicile du défaillant que le tribunal aura désigné ; ils seront exécutés dans les six mois de leur obtention, sinon seront réputés non avenus.

ART. 168. — La partie qui aura été appelée devant un tribunal autre que celui qui doit connaître de la contestation pourra demander son renvoi devant les juges compétents.

ART. 169. — Elle sera tenue de former cette demande préalablement à toutes autres exceptions et défenses.

ART. 170. — Si néanmoins le tribunal était incompétent à raison de la matière, le renvoi pourra être demandé en tout état de cause ; et si le renvoi n'était pas demandé, le tribunal sera tenu de renvoyer d'office devant qui de droit.

ART. 171. — S'il a été formé précédemment, en un autre tribunal, une demande pour le même objet, ou si la contestation est connexe à une cause déjà pendante en un autre tribunal, le renvoi pourra être demandé et ordonné.

ART. 172. — Toute demande en renvoi sera jugée sommairement, sans qu'elle puisse être réservée ni jointe au principal.

ART. 442. — Les tribunaux de commerce ne connaîtront point de l'exécution de leurs jugements.

ART. 452. — Sont réputés préparatoires les jugements rendus pour l'instruction de la cause et qui tendent à mettre le procès en état de recevoir jugement définitif. Sont réputés interlocutoires les jugements rendus lorsque le tribunal ordonne, avant dire droit, une preuve, une vérification, ou une instruction qui préjuge le fond.

ART. 453. — Seront sujets à l'appel les jugements qualifiés en dernier ressort, lorsqu'ils auront été rendus par des juges qui ne pouvaient prononcer qu'en première instance. Ne seront recevables les appels des jugements rendus sur des matières dont la connaissance en dernier ressort appartient aux premiers juges, mais qu'ils auraient omis de qualifier, ou qu'ils auraient qualifiés en premier ressort.

ART. 454. — Lorsqu'il s'agira d'incompétence, l'appel sera recevable, encore que le jugement ait été qualifié en dernier ressort.

ART. 455. — Les appels des jugements susceptibles d'opposition ne seront point recevables pendant la durée du délai pour l'opposition.

ART. 456. — L'acte d'appel contiendra assignation dans les délais de la loi, et sera signifié à personne ou domicile, à peine de nullité.

ART. 457. — L'appel des jugements définitifs ou interlocutoires sera suspensif, si le jugement ne prononce pas l'exécution provisoire dans les cas où elle est autorisée. L'exécution des jugements mal à propos qualifiés en dernier ressort ne pourra être suspendue qu'en vertu de défenses obtenues par l'appelant, à l'audience de la Cour royale (Cour d'appel) sur assignation à bref délai. A l'égard des jugements non qualifiés, ou qualifiés en premier ressort, et dans lesquels les juges étaient autorisés à prononcer en dernier ressort, l'exécution provisoire pourra en être ordonnée par le tribunal d'appel, à l'audience et sur un simple acte.

ART. 458. — Si l'exécution provisoire n'a pas été prononcée dans les cas où elle est autorisée, l'intimé pourra, sur un simple acte, la faire ordonner à l'audience avant le jugement de l'appel.

ART. 459. — Si l'exécution provisoire a été ordonnée hors des cas prévus par la loi, l'appelant pourra obtenir des défenses à l'audience, sur assignation à bref délai, sans qu'il puisse en être accordé sur requête non communiquée.

ART. 460. — En aucun autre cas, il ne pourra être accordé des défenses, ni être rendu aucun jugement tendant à arrêter directement ou indirectement l'exécution du jugement, à peine de nullité.

ART. 474. — Une partie peut former tierce opposition à un jugement qui préjudicie à ses droits, et lors duquel, ni elle ni ceux qu'elle représente n'ont été appelés.

ART. 480. — Les jugements contradictoires rendus en dernier ressort par les tribunaux de première instance et d'appel, et les jugements par défaut rendus aussi en dernier ressort, et qui ne sont plus susceptibles d'opposition, pourront être rétractés, sur la requête de ceux qui y auront été parties ou dûment appelés, pour les causes ci-après :

1° S'il y a eu dol personnel ;

2° Si les formes prescrites à peine de nullité ont été violées, soit avant, soit lors des jugements, pourvu que la nullité n'ait pas été couverte par les parties ;

3° S'il a été prononcé sur choses non demandées ;

4° S'il a été adjugé plus qu'il n'a été demandé ;

5° S'il a été omis de prononcer sur l'un des chefs de demande ;

6° S'il y a contrariété de jugements en dernier ressort, entre les mêmes parties et sur les mêmes moyens, dans les mêmes Cours ou tribunaux ;

7° Si, dans un même jugement, il y a des dispositions contraires ;

8° Si, dans les cas ou la loi exige la communication au ministère public, cette communication n'a pas eu lieu et que le jugement ait été rendu contre celui pour qui elle était ordonnée ;

9° Si l'on a jugé sur pièces reconnues ou déclarées fausses depuis le jugement ;

10° Si, depuis le jugement, il a été recouvré des pièces décisives, et qui avaient été retenues par le fait de la partie.

Art. 505. — Les juges peuvent être pris à partie dans les cas suivants : — 1° S'il y a dol, fraude ou concussion, qu'on prétendrait avoir été commis, soit dans le cours de l'instruction, soit lors des jugements ; — 2° Si la prise à partie est expressément prononcée par la loi ; — 3° Si la loi déclare les juges responsables, à peine de dommages et intérêts ; — 4° S'il y a déni de justice.

Art. 506. — Il y a déni de justice, lorsque les juges refusent de répondre les requêtes ou négligent de juger les affaires en état et en tour d'être jugées.

Art. 507. — Le déni de justice sera constaté par deux réquisitions faites aux juges en la personne des greffiers, et signifiées de trois en trois jours au moins pour les juges de paix, de commerce, et de huitaine en huitaine au moins pour les autres juges : tout huissier requis sera tenu de faire ces réquisitions, à peine d'interdiction.

Art. 508. — Après les deux réquisitions, le juge pourra être pris à partie.

ART. 510. — Néanmoins aucun juge ne pourra être pris à partie, sans permission préalable du tribunal devant lequel la prise à partie sera portée.

ART. 511. — Il sera présenté, à cet effet, une requête signée de la partie, ou de son fondé de procuration authentique et spéciale, laquelle procuration sera annexée à la requête, ainsi que les pièces justificatives s'il y en a, à peine de nullité.

ART. 512. — Il ne pourra être employé aucun terme injurieux contre les juges, à peine, contre la partie, de telle amende, et contre son avoué, de telle injonction ou suspension qu'il appartiendra.

ART. 513. — Si la requête est rejetée, la partie sera condamnée à une amende qui ne pourra être moindre de trois cents francs, sans préjudice des dommages et intérêts envers les parties s'il y a lieu.

ART. 514. — Si la requête est admise, elle sera signifiée dans trois jours au juge pris à partie, qui sera tenu de fournir ses défenses dans la huitaine. — Il s'abstiendra de la connaissance du différend ; il s'abstiendra même, jusqu'au jugement définitif de la prise à partie, de toutes les causes que la partie, ou ses parents en ligne directe, ou son conjoint, pourront avoir dans son tribunal, à peine de nullité des jugements.

ART. 515. — La prise à partie sera portée à l'audience sur un simple acte et sera jugée par une autre section que celle qui l'aura admise : si la cour d'appel n'est composée que d'une section, le jugement de la prise à partie sera renvoyé à la cour d'appel la plus voisine par la cour de cassation.

ART. 516. — Si le demandeur est débouté, il sera condamné à une amende qui ne pourra être moindre de trois cents francs, sans préjudice des dommages-intérêts envers les parties, s'il y a lieu.

ART. 1033. — (Loi du 3 mai 1862). Le jour de la signification et celui de l'échéance ne sont point comptés dans le délai général fixé pour les ajournements, les

citations, sommations et autres actes faits à personne
ou domicile. Ce délai sera augmenté d'un jour à raison
de cinq myriamètres de distance. Il en sera de même
dans tous les cas prévus, en matière civile et commerciale, lorsqu'en vertu de lois, décrets ou ordonnances
il y a lieu d'augmenter un délai à raison des distances.
Les fractions de moins de quatre myriamètres ne seront
pas comptées ; les fractions de quatre myriamètres et
au-dessus augmenteront le délai d'un jour entier. Toutes
les fois que le dernier jour d'un délai quelconque de
procédure franc ou non, est un jour férié, le délai sera
prorogé jusqu'au lendemain.

CODE PÉNAL :

ART. 126. — Seront coupables de forfaiture, et punis
de la dégradation civique : — Les fonctionnaires publics
qui auront, par délibération, arrêté de donner des dé-
missions dont l'objet ou l'effet serait d'empêcher ou de
suspendre soit l'administration de la justice, soit l'ac-
complissement d'un service quelconque.

ART. 127 — Seront coupables de forfaiture et punis de
la dégradation civique : — 1° Les juges, les procureurs
généraux ou de la République ou leurs substituts, les
officiers de police qui se seront immiscés dans l'exercice du pouvoir législatif, soit par des règlements
contenant des dispositions législatives, soit en arrêtant
ou en suspendant l'exécution d'une ou plusieurs lois,
soit en délibérant sur le point de savoir si les lois
seront publiées ou exécutées ; — 2° Les juges, les procureurs généraux ou de la République, ou leurs substituts, les officiers de police judiciaire, qui auraient ex-
cédé leur pouvoir en s'immisçant dans les matières
attribuées aux autorités administratives, soit en faisant
des règlements sur ces matières, soit en défendant
d'exécuter les ordres émanés de l'administration, ou
qui, ayant permis ou ordonné de citer les administra-
teurs pour raisons de l'exercice de leurs fonctions,
auraient persisté dans l'exécution de leurs jugements

ou ordonnances, nonobstant l'annulation qui en aurait été prononcée ou le conflit qui leur aurait été notifié.

ART. 185. — Tout juge ou tribunal, tout administrateur ou autorité administrative qui, sous quelque prétexte que ce soit. même du silence ou de l'obscurité de la loi, aura dénié de rendre la justice qu'il doit aux parties, après en avoir été requis, et qui aura persévéré dans son déni, après avertissement ou injonction de ses supérieurs, pourra être poursuivi et sera puni d'une amende de deux cents francs au moins et de cinq cents francs au plus, et de l'interdiction de l'exercice des fonctions publiques depuis cinq ans jusqu'à vingt.

DÉCRET [1] DU 20 AVRIL 1810 :

ART. 63. — Les parents et alliés, jusqu'au degré d'oncle et neveu inclusivement, ne pourront être simultanément membres d'un même tribunal ou d'une même Cour, soit comme juges, soit comme officiers d'un ministère public. ou même comme greffiers, sans une dispense de l'Empereur. Il ne sera accordé aucune dispense pour les tribunaux composés de moins de huit juges. En cas d'alliance survenue depuis la nomination. celui qui l'a contractée ne pourra continuer ses fonctions. sans obtenir une dispense de sa Majesté.

LOI DU 30 AOUT 1883 :

ART. 17 — Le garde des sceaux a sur les magistrats de toutes les juridictions civiles et commerciales un droit de surveillance. Il peut leur adresser une réprimande : cette réprimande est notifiée au magistrat qui est en l'objet par le premier président pour les présidents de chambre, conseillers, présidents, juges et juges suppléants ; par le procureur général pour les officiers du ministère public. Le garde des sceaux peut mander tout magistrat afin de recevoir ses explications sur les faits qui lui sont imputés.

---

(1) C'est le qualificatif de " Loi du 20 Avril 1810 " qui aurait dû être donné par l'art. 43 de la loi du 27 mars 1907.